Musik begleitet unser Leben.

Margot Käßmann

Es gibt Töne, die in unserem Leben immer wieder anklingen. Du hörst im Konzert eine bestimmte Passage und erinnert dich an einen besonderen Moment deiner Lebensgeschichte. Oder im Radio wird ein Song gespielt und auf einmal denkst du an einen Menschen, der dir viel bedeutet hat, mit dem dich dieses Lied verbindet.

Dabei ist das Hören das eine, das Singen das andere. So denke ich an die letzte Trauung, die ich mit einer Gemeinde gefeiert habe, die das Singen nicht gewohnt ist. Und ich erinnere mich gut, dass meine jüngste Tochter mich beim Schulanfängergottesdienst Klasse 7 vor Jahren anraunzte: „Mama, sing doch nicht so laut, das ist ja peinlich.“ Mir wurde klar: Ich war fast die Einzige, die sang, außer der Pastorin ...

Singen aber ist neben dem Beten das Herzstück christlicher Spiritualität. Das ist ja schon in der jüdischen Tradition so und wir als Christen haben es mit den Psalmen übernommen. „Singet Gott, lobsinget seinem Namen!“, fordert Psalm 68,5 die Gläubigen auf. Gott loben in der Gemeinschaft ist eine besondere Erfahrung.

Wie traurig war, in Corona-Zeiten im Gottesdienst nicht singen zu können. Wie sehr haben auch Konzerte gefehlt. Und wie tröstlich oder ermutigend konnte es sein, Musik zu hören. Dabei spielen auch die Zeit und der Ort eine Rolle, wenn wir aufwachsen. Die Generation meiner Eltern konnte mit den Beatles oder Rolling Stones nichts anfangen. Mir bleiben Techno- und Rapmusik fremd. Ein Portugiese wächst mit dem Fado auf, in Mali sind Amadou und Mariam ein bekanntes Sängerpaar, in Deutschland ist beides eher unbekannt.

Musik begleitet unser Leben, Töne prägen es. Im Folgenden erzähle ich davon anhand einiger Stationen in meinem Leben. Vielleicht regt die Lektüre Sie an, selbst nachzudenken, was die Töne Ihres Lebens sind. Das würde mich freuen.

Hannover im August 2020

Margot Käßmann

Die *Melodie* deines *Lebens* finden

benno

Meine Kindheit und Jugend –

You can't say we never tried

In meiner Kindheit und Jugend hat die Herrenwaldkirche in Stadtallendorf eine große Rolle gespielt. Sie wurde 1965 kurz nach meinem siebten Geburtstag als zweite evangelische Kirche im Ort eingeweiht, weil so viele Flüchtlinge aus Pommern, Ostpreußen, dem Sudentenland zugezogen waren. Alle waren so stolz auf diesen modern wirkenden Backsteinbau! Dort habe ich den Kindergottesdienst erlebt, wurde konfirmiert, dann selbst Kindergottesdiensthelferin. Und vor allem durften wir 1973 einen Diskokeller einrichten. Das wurde der Treffpunkt vieler Jugendlicher. Wir konnten „unsere" Musik hören, dazu tanzen: „Angie" von den Rolling Stones, „You´re so vain" von Carly Simon, Smokey und andere Bands. Die Kirche war für uns Heimat, ein soziales Zentrum.

Die Kirche war auch Bildungsort. Anfang der Siebzigerjahre wurde ein Posaunenchor ins Leben gerufen. Für viele junge Leute war das eine Chance, ein Instrument zu lernen, auch wenn Familien kein Geld für privaten Musikunterricht hatten. Wir waren mit Begeisterung dabei. Oft haben wir mit dem Posaunenchor bei Gottesdiensten gespielt. Der „Kuhlo" war das Standardwerk zur Begleitung der Choräle. Und es gab tolle Fortbildungen mit anderen Jugendlichen in der Jugendherberge auf der Burg Hessenstein. Ich erinnere mich, dass einige die Canzona Bergamasca von Samuel Scheidt geübt haben. Da wurde enormes Durchhaltevermögen gefordert, viel Übung, um diese „Doppelzunge" zu schaf-

fen. Ich gehörte nicht zu denen, die genügend Geduld hatten, aber ich fand toll, wenn es jemand geschafft hatte!
Es entstanden Freundschaften über Generationen hinweg. Wir haben als Chor zusammen gespielt, Junge und Alte, haben tolle und langweilige Gottesdienste mitgestaltet, standen frierend am Volkstrauertag auf dem Friedhof und stolz beim Landesposaunentag in der großen Gemeinschaft. Ganze Familien in drei Generationen haben mitgespielt. Und ich erinnere mich sehr gern, wie sich da eine zarte Beziehung zwischen mir als Bass mit dem Quartventil und dem im Ansatz wesentlich geübteren Tenor angebahnt hat.
Später wurde mir in Niedersachsen deutlich: Posaunenchöre sind typisch evangelisch und oft hing ihre Entstehung eng mit Erweckungsbewegungen zusammen. Ich erinnere mich gut an das EXPO-Jahr 2000 in Hannover. Damals war ich Bischöfin der hannoverschen Landeskirche. Die Leiterin der Weltausstellung, Birgit Breuel rief mich an und sagte: „Frau Käßmann, es läuft so schleppend an. Könnte Ihre Kirche nicht vielleicht am Pfingstsonntag versuchen, den zentralen Platz zu füllen?" Solche Herausforderungen liebe ich! Und tatsächlich haben sich nach einer Umfrage ganz schnell etliche Posaunenchöre zusammengefunden. Gut, wir hatten auch noch Desmond Tutu als begnadeten Prediger, aber die Atmosphäre, die Posaunenchöre schaffen können, sie ist einzigartig. Und sie hat an Pfingsten einen großen Platz Open Air zum lebendigen Ort werden lassen!
Als ich nach meinem Rücktritt als Landesbischöfin von Hannover nach Berlin zog, habe ich meine alte Posaune aus Stadtallendorf zurückgelassen. Ich habe sie dem ökumenischen Posaunenchor der Südstadt übergeben – es ist doch ein schönes Zeichen, dass solche Chöre nun ökumenisch sind. Wenn ich die Canzona Bergamasca höre, denke ich an die Zeit in der Herrenwaldkirche zurück. Die ist inzwischen entwidmet und zu einem Jugendzentrum geworden, weil kaum noch evangelische Christen in dem Viertel wohnen. Einerseits fand ich die Meldung traurig. Aber als ich dort war, um die Arbeit zu unterstützen, dachte ich: Es ist auch heute Jugendarbeit wie damals, nur anders ....

Meine Kindheit und Jugend –

Befiehl du deine Wege

Ab und an hat unser Posaunenchor auch bei einer Trauerfeier gespielt. Das hat mich als Jugendliche besonders beeindruckt. Ich denke, in dieser Zeit wurde „Befiehl du deine Wege" zu meinem Lieblingschoral. Der Text stammt von Paul Gerhardt, dem wohl größten Liederdichter neben Martin Luther. Das erste Mal hörte ich ihn meine Großmutter singen. Sie hatte viel Schweres erlebt, Krieg, Vertreibung, Verlust und dennoch summte sie beim Kochen leise: „... der wird auch Wege finden, da dein Fuß gehen kann ...".

Auch mir geht das bis heute so: „Der Wolken Luft und Winden gibt Wege Lauf und Bahn, der wird auch Wege finden, da dein Fuß gehen kann" – was für ein wunderbarer Gedanke, eine Ermutigung, dass es auch in schwierigen Zeiten mit Gottes Hilfe weitergehen wird. Manch schwierigen Moment im Leben konnte ich mir die Melodie selbst summen, hatte den Text im Ohr und das Lied hat mich gehalten und getröstet.

Offenbar war Paul Gerhardt ein bescheidener, ja zurückhaltender Mensch. Er hat sich nie nach vorn gedrängt, aber er stand engagiert ein für das lutherische Bekenntnis . Auch war er kein sehr weltläufiger Mann. Sein Leben hat ihn nie über Kursachsen und Kurbrandenburg hinausgeführt. Gräfenhainichen, Grimma, Wittenberg, Berlin, Mittenwalde und Lübben – das war sein Aktionsradius. Ich finde das bemerkenswert. Es zeigt doch, dass wir Erfahrungen machen können, die so existenziell sind, dass sie überall verstanden werden. Seine Lieder werden in Afrika, Asien und Lateinamerika gesungen. Wenn heute damit geprotzt wird, wo Menschen schon überall waren, heißt das bei Weitem nicht, dass sie tiefe, existenzielle Erfahrungen gemacht haben. Die kann ein Mensch auch an einem Ort durchleben.

Und solche Erfahrungen hat Paul Gerhardt in Fülle gemacht. Beide Eltern starben früh und ließen vier Vollwaisen zurück, Paul Gerhardt war damals 14. Etwa zeitgleich brach der Dreißigjährige Krieg aus, „die traurige Begleitmusik seines weiteren Lebens“ (Inge Mager). Er studierte lange, verdiente sich als Privatlehrer etwas dazu, interessierte sich für Poesie. In seinem Leben musste er viele Verluste verkraften. Von den vier Kindern etwa, die bis 1664 geboren werden, überlebt nur Paul Friedrich. Der Verlust der Kinder spiegelt sich immer wieder in Gerhardts Liedern. Nach 1657 nimmt Gerhardt eine kompromisslose lutherische Haltung ein, die schließlich zu seiner Amtsenthebung führt. 1668 verstirbt seine Ehefrau, Paul Gerhardt bleibt allein mit seinem fünfeinhalbjährigen Sohn Paul Friedrich zurück. In seinen Liedern ist ein leicht resignativer Grundton zu erkennen, der die Sehnsucht nach dem himmlischen Garten, dem Paradies, anklingen lässt. Paul Gerhardt stirbt am 27. Mai 1676. Eine Beerdigungspredigt ist nicht erhalten. Aber seine Lieder klingen um die ganze Welt.

Seine Biografie bringt mir die Texte von Paul Gerhardt noch näher. Wie sehr ringen Menschen mit der Bedeutung des Todes. Wie oft erklingt die Frage: „Wie kann Gott das zulassen?“ Ja, offensichtlich ist es heute noch viel schwerer, etwa mit dem Verlust eines Kindes zu leben, weil das Thema so sehr tabuisiert wird. Paul Gerhardt thematisiert Leiden, Sterben und das Kreuz. Aber niemals bleibt er beim Leiden stehen, immer wieder enden die Verse in der großen Glaubenshoffnung der zukünftigen Welt. Das ist allerdings keine Vertröstung, die von dieser Welt ablenkt, wegführt, sondern in die Welt hinein verweist.

Leiden und Tod lassen uns manches Mal an Gott zweifeln. Paul Gerhardts Dichtungen stehen dafür ein, dass sie eben nicht eine Erfahrung von Gottesferne sind, sondern gerade eine Erfahrung von Gottesnähe. Er gibt die Zuversicht weiter, dass Gott uns in Leidenszeiten des Lebens tragen wird. Ich kann fröhlich singen „Geh aus mein Herz und suche Freud“.

Mein Jahr in den USA –

Give peace a chance

Kurz nach meinem 16. Geburtstag bin ich das erste Mal im Leben geflogen – für ein Jahr in die USA. Ich hatte mich um ein Stipendium bei der Organisation ASSIST beworben, die europäische Schülerinnen und Schüler an US-amerikanische Internate vermittelt. Die Bewerbung war eher Zufall:. Ich war „Fahrschülerin“ und musste wieder einmal im Aufenthaltsraum meiner Schule warten, bis mein Zug fuhr. Dort fand ich das Formular, habe es ausgefüllt und abgeschickt. Bald darauf erhielt ich einen Brief, der mich aufforderte, nach Frankfurt ins US-Konsulat zu einem Gespräch zu kommen. Aufregend! Meine Eltern ließen mich mit meiner älteren Schwester als Begleitung hinfahren. Das Gespräch muss gut verlaufen sein, denn wenig später kam die Nachricht: Du fährst im Juli für ein Jahr nach Connecticut!

Dieses Jahr hat mein Leben nachhaltig beeinflusst. Amerika hat mich ins Staunen versetzt. Die Größe, die Weite, die Schönheit und die überquellenden Regale in den Supermärkten einerseits, die Armut und der Reichtum so nah nebeneinander, die Ungerechtigkeit andererseits. Als Stipendiatin saß ich oft mit anderen Stipendiaten zusammen und die waren in der Regel Afroamerikaner. Der Rassismus war spürbar im Internat. Nie wäre ein weißes Mädchen mit einem schwarzen Jungen am Samstagabend ausgegangen. Deshalb begann ich mich für die Bewegung zu interessieren, die Martin Luther King ausgelöst hatte. Ich habe Texte von ihm und Zeitungsartikel über ihn gelesen, Reden von ihm auf Tonbändern abgehört. Dass man fromm und politisch zugleich sein kann, hat mich überrascht und fasziniert.

Bei King bin ich auch erstmals der Friedensbewegung begegnet. Als Pfarrer hat er sich trotz aller Kritik klar und vehement gegen den Krieg eingesetzt. Während ich in den USA war, ging der Vietnamkrieg in die letzte Phase. Und der Protest gegen diesen Krieg war hörbar, selbst im Internat. Er äußerte sich gerade auch in Liedern. Wer John Lennon und Yoko Ono laut hörte: „All we are saying, is give peace a chance“ zeigte damit, wo er oder sie stand. Das war fast ein kleiner Kulturkampf im Schlafsaal, zumindest unter denen, die politisch interessiert waren.

In diesem Zusammenhang habe ich auch Joan Baez entdeckt. Sie war – und ist – eine Ikone des Protestgesangs. Frieden und Gerechtigkeit blieben die Themen ihrer Lieder. Für sie ist Musik politischer Diskurs. Sie sagte einmal: „Eigentlich bin ich keine Sängerin, sondern eine Politikerin.“ Zwei ihrer Songs waren mir damals besonders wichtig. Zum einen „Here ´s to you Nicola and Bart“. Es geht um Nicola Sacco und Bartolomeo Vanzetti, zwei Amerikaner italienischer Abstammung, die 1927 hingerichtet wurden, obwohl große Zweifel an dem Prozess wegen Raubmordes gegen sie bestanden. Heute würden wir von „racial profiling“ sprechen.. Joan Baez hat einen Satz aus einem Brief von Bartolomeo Vanzetti abgewandelt und zur Hymne gegen Ungerechtigkeit werden lassen: „The last and final moment is yours, that agony is your triumph.“ – „Der letzte und finale Moment ist eurer, euer Todeskampf, ist euer Triumph.“ Das hat mich ungeheuer bewegt, gerade angesichts der Ungerechtigkeiten, die ich in den USA für mich überraschend wahrgenommen habe.

Viele Jahrzehnte später habe ich 2019 Joan Baez in Frankfurt in der Alten Oper gemeinsam mit Freundinnnen und Freunden live erleben können. Diese kleine Frau mit ihrer Gitarre hat ihre Botschaft von Frieden und Gerechtigkeit mit 79 Jahren weiter klar und deutlich zum Ausdruck gebracht. Das hat mir imponiert und hat mich bewegt. Ihr Engagement wurde mehrfach ausgezeichnet, auch durch den Lennon Peace Tribute Award. Und sie hat auch 2019 gesungen: All we are saying, is give peace a chance ...

Mein Jahr in den USA –

Jauchzet, frohlocket

Aber auch alte, vertraute Musik hat mich begleitet. Das Weihnachtsfest hatte ich bei meiner amerikanischen Gastfamilie Rouse verbracht. Heimweh hatte sich nicht so sehr eingestellt, sie hatten vier Kinder in meinem Alter, es war lustig und turbulent. Aber dann lud mich eine andere Familie ein, am Silvesterabend nach New York zu fahren, die Wiener Sängerknaben gaben ein Konzert. Zu Beginn ertönte Johann Sebastian Bachs: „Jauchzet, frohlocket, auf preiset die Tage ...". Es hat für mich seitdem kein Weihnachtsfest ohne dieses Oratorium gegeben. Beim Schmücken des Weihnachtsbaumes habe ich es stets erklingen lassen und habe erlebt, dass zumindest eine meiner Töchter diese Tradition übernommen hat.

Bach hat die Geburtserzählung des Evangelisten Lukas so unnachahmlich vertont, dass sie geradezu in mir klingt. Und das geht vielen Menschen so. Bach wird oft als „der fünfte Evangelist" bezeichnet. Dem kann ich mich nur anschließen. Er bringt bis heute die Evangelien zum Klingen. Wie viele Gottesdienst durfte ich mitfeiern, die durch seine Kantaten geprägt wurden! Es ist kaum zu verstehen, dass er zu Lebzeiten zwar geschätzt, aber eher unbekannt war. Erst Felix Mendelssohn-Bartholdy hat 1829 mit einer Aufführung der Matthäuspassion Bachs Werke einer breiten Öffentlichkeit zugänglich gemacht.

Vielleicht klingt in Bach ja auch durch, dass der Glaube Halt gibt in unruhiger Zeit. Er selbst war das jüngste von acht Kindern. Mit neun Jahren war er Vollwaise, seine älteren Brüder übernahmen die Erziehung. Er hatte sieben Kinder mit seiner ersten Frau Maria Barbara, dreizehn Kinder mit seiner zweiten, Anna Magdalena,

von denen fast alle im Kindesalter starben. Das muss ihn doch zutiefst emotional beeinflusst haben und klingt wohl bis heute durch seine Musik. Sein Leben war vielfältig, kannte viele Orte und ist von ungeheurer Schaffenskraft geprägt.
Der verstorbene Kardinal Lehmann hat mich einmal gefragt, warum lutherische Christen so sehr an Luthers Bibelübersetzung hängen. Ich habe geantwortet: „Das liegt wohl auch an Johann Sebastian Bach. Luthers Worte klingen in uns."
Die Wiener Sängerknaben stimmten am Ende ihres New Yorker Konzertes „Stille Nacht, Heilige Nacht" an. Da kamen mir dann doch die Tränen des Heimwehs, die ich so lange im Griff zu haben geglaubt hatte. Dieses wunderbare Lied von Joseph Mohr und Franz Xaver Gruber, einem Dorfschullehrer und einem Hilfspfarrer, wurde oft belächelt. Theologen haben lange verhindert, dass es in die Gesangbücher offiziell aufgenommen wurde, zu simpel und emotional empfanden sie den Text. Kirchenmusiker sträuben sich oft dagegen, es am Heiligen Abend zu begleiten, zu flach schien ihnen die Melodie. Aber die Lust vieler Menschen, dieses Lied zu singen, hat sich durchgesetzt. Es ist in 320 Sprachen und Dialekte übersetzt und inzwischen als immaterielles Kulturerbe Österreichs von der UNESCO anerkannt. Ich habe es in jedem Weihnachtsgottesdienst, den ich halten durfte, singen lassen. Warum denn nicht. Es muss nicht immer musikalische Bach-Hochkultur sein. Musik gibt Raum für Emotionen. Ich singe dieses Lied gern. Wenn andere das kitschig finden, kann ich gut damit leben.
Dabei ist mir ein Gedanke wichtig geworden: Ich höre das Weihnachtsoratorium jedes Jahr an Weihnachten, jedes Weihnachten singe ich „Stille Nacht". Das ist etwas ganz anderes als das „Jingle Bells"-Gedudel, finde ich.
Denn es geht um Inhalte des Glaubens, die in diesen Tönen wiederklingen. Und wenn sie wieder erschallen, treffen sie uns neu in einer veränderten persönlichen Situation und Welt. Aber sie begleiten uns durch unser Leben. Wenn ich das Weihnachtsoratorium höre, denke ich an vergangene Weihnachtsfeste, damals als Jugendliche in den USA, als junge Mutter, als Pfarrerin und jetzt mit den Enkelkindern.

Neue Blickwinkel im Studium –

You may say I'm a dreamer

Das Theologiestudium war für mich eine Herausforderung. Einerseits fühlte ich mich unsicher unter all denen, die so viel zu wissen schienen. Andererseits war vieles so spannend: Klaus Scholder habe ich in Tübingen gehört über die „Kirche im Dritten Reich“, Jürgen Moltmann zur Frage, ob wir nach Auschwitz noch an Gott glauben können. Ich habe Griechisch und Hebräisch gelernt, um die biblischen Texte im Original lesen zu können. Das alles hat mich fasziniert. Aber auch die gesellschafts- und religionskritischen Fragen waren präsent. Der Song „Imagine“ von John Lennon hat das trefflich zusammengefasst: Stell dir vor, es gäbe keinen Himmel, keine Religion. Wäre die Welt dann besser, friedlicher? Zweifel gehört für mich zum Glauben, es gibt für mich die Freiheit zu fragen, zu denken. Und: Ich habe argumentieren gelernt ...
Es gab auch neue Perspektiven. Pinchas Lapide, der Jude Jesus, hat mich zum ersten Mal begreifen lassen, dass Jesus Jude war. Was für eine Horizonterweiterung. Und sie geht weiter bis heute, wenn ich das Buch von Walter Homolka lese: Der Jude Jesus – eine Heimholung.
Diese Auseinandersetzung mit der Schuld unserer Kirche in der Zeit des Nationalsozialismus, mit dem Antijudaismus Martin Luthers, mit dem Verhältnis von Judentum und Christentum ist für mich mit einem Lied verbunden, einem Choral von Jochen Klepper: „Die Nacht ist vorgedrungen“. Mir liegt dieses Lied mit der schwermütigen Melodie besonders am Herzen, weil der Text von einem

Mann stammt, der manches weiß von Geduld und Ungeduld, von Gottvertrauen und Leiden. Jochen Klepper, ein begabter Dichter und Literat, hat Romane geschrieben, die Menschen tief bewegt haben. Als Pfarrerssohn geboren 1903, galt er schon früh als Außenseiter und Träumer, auch inmitten seiner vier Geschwister. Er studierte Theologie und brach doch dieses Studium mitten in der Prüfung ab. Als labil galt er, aber mit einer großen Neigung zur Literatur, zum Dichten.

Er hat sehr gekämpft mit der Frage nach dem Sinn des Lebens, Zeilen der Verzweiflung sind aus seinen Tagebuchaufzeichnungen herauszulesen. Dann lernt er eine Frau kennen, eine angesehene Witwe mit zwei Töchtern, die ihn aufnimmt, versteht. Glücklich heiraten sie 1931. Aber die Zeit des Glücks währt nur kurz, die Nationalsozialisten verlangten, dass er sich von seiner geliebten Frau scheiden ließe, weil sie jüdischer Abstammung war.

Erfolg hatte er, der Autor des großen Romans „Der Vater". Doch gleichzeitig geriet er mit den Menschen, die er liebte, in eine schwere Zeit. In einem Vers schreibt er: „Nur wer zur Nacht geweinet, der stimme froh mit ein." Er hat etwas gewusst von diesem Weinen in der Nacht.

Die Nacht ist auch eine Zeit der Wahrheit. Wenn wir nicht schlafen können, entweder beim Einschlafen oder beim allzu frühen Aufwachen, dann wird uns bewusst, welche Gespräche mit Menschen, die wir lieben, wir längst hätten führen sollen. Dann kommt an die Oberfläche, was wir hätten besser tun oder lassen sollen oder welche Entscheidungen und Fragen längst anstehen. Dann spielt sich in unsrem Kopf ein Theater dessen ab, was der richtige Weg sein kann. Und da gibt es die Tränen der Nacht über verlorenes Leben, über verlorene Liebe, verlorenes Glück, das wir vielleicht hätten halten können? Das sind die Stunden, in denen wir Gott um Rat fragen, weil Gott uns durch diese Nacht hindurchträgt und tragen will. Wohl dem Menschen, der sich in solchen dunklen Stunden Gott anvertrauen kann.

Neue Blickwinkel im Studium –

Die Nacht ist vorgedrungen

Jochen Klepper hat diese Nacht erlebt und schrieb im Advent 1937 in sein Tagebuch: *„Auf dem niedrigen Renaissanceschrank brannten die vier Tannenleuchter; zwei Leuchter und zwei Rauschgoldengel standen auf dem Tisch, der Adventskranz gab seinen milden Schein. Auch gab die schöne frische Tanne so edlen Duft, und alle freuten sich am schönen Wein.“* Und er notierte weiter: *„Ruhe in der Welt erwarten Hanni und ich nicht mehr: umso dankbarer sind wir für solche Stunden. Die sind das Eigentliche.“* Und er beschäftigte sich mit den Worten des Paulus: *„Die Nacht ist vorgerückt, der Tag aber nahe herbeigekommen.“*

Ich kann mir vorstellen, wie sein Lied „Die Nacht ist vorgedrungen“ in solcher Situation Sprache gewonnen hat. Jochen Klepper hat etwas gewusst von der Lebenszuversicht, die Gott vermittelt. Wie oft fragen wir: „Wo war Gott denn eigentlich?“ oder: „Wie konnte Gott das zulassen?“. Wir verzagen viel zu leicht, weil wir Gott aus dem Blick verlieren in einer Gesellschaft, die uns ununterbrochen ablenkt. Wir können das Dunkel kaum aushalten und zünden deshalb schon im Oktober grelle Lichter an, um von der Sommer-Grillparty direkt überzugehen in eine selige Adventsstimmung. Der Advent ist aber gar kein naiver Zeitraum. Da geht es nicht nur um die Vorbereitung auf einen goldgelockten Jüngling in einer zärtlichen Umarmung der Mutter, hell beschienenen in der Krippe. Nein, Gott kommt ja gerade mitten ins Leiden. Gott ist ein Flüchtlingskind! Gott ist ein sterbender Mann am Kreuz. Gott setzt sich dem Leiden aus

und kennt das Dunkel. Deshalb können wir uns Gott in den dunkelsten Stunden unseres Lebens anvertrauen.
Das Leben der Familie Klepper wurde immer schwieriger. Sie haben manches erlitten von Schuld, die andere auf sich geladen haben, manches Leid des Menschen wurde sichtbar. Am 3. Advent 1938 schrieb Jochen Klepper in sein Tagebuch: „Wir hoffen irdisch nichts mehr; aber wo wir von Gottes Freundlichkeit gesungen und gepredigt hören, wird unser Herz weit; wir wissen, was Qual, Ekel, Müdigkeit, Verzweiflung ist – aber wir können nicht irre werden an Gott als dem Vater und Schöpfer." Dieser Glaube Jochen Kleppers bewegt die Frau, die ihn liebt. Im Jahr 1938 lässt sie sich taufen, die beiden heiraten im Advent kirchlich und feiern mit ihren Kindern die Christnacht.
Das ist wahrhaftig Glaubensstärke. Ich wünsche mir, dass wir solche Kraft haben, unseren Glauben so überzeugend, so sprachkompetent in die Welt zu tragen, dass er andere ansteckt, ermutigt, sich diesem Gott anzuvertrauen. Dem Gott, der Jesus getragen hat, auch durch die Nacht der Verzweiflung, des Verlassenseins und des Todes.
Doch auch Jochen Klepper musste den „deus absconditus", den verborgenen Gott erleben, von dem Martin Luther spricht. Die Ausweglosigkeit der Familie wurde immer dramatischer. Er selbst verlor alle seine Arbeitsplätze. Im Dezember 1942 lag ein Jahr der Angst und Enttäuschung hinter Jochen Klepper und seiner Familie. Die Tochter Brigitte konnte ins Ausland gebracht werden. Bei der zweiten Tochter Renate aber nützte aller Einsatz nichts, ihre Ausreise nach Schweden wurde abgelehnt.
Am 8. Dezember 1942 schrieb Jochen Klepper in sein Tagebuch: *„Gott weiß, dass ich es nicht ertragen kann, Hanni und das Kind in diese grausamste und grausigste aller Deportationen gehen zu lassen."* Am 10. Dezember 1942 gingen die drei gemeinsam aus dem Leben. Die letzten Sätze im Tagebuch lauten: *„Wir sterben nun – ach, auch dass steht bei Gott. Über uns steht in diesen letzten Stunden das Bild des segnenden Christus, der um uns ringt. In dessen Anblick endet unser Leben."*

Mittendrin als Pfarrerin und Bischöfin –

We're all in the mood for a melody

Manchmal habe ich den Eindruck, es gibt Künstler, mit denen ich gemeinsam alt werde, wenn die Jahrgänge ungefähr parallel sind. Einer von Ihnen ist Billy Joel. Sein Song „Piano Man“ hat mich schon 1973 als Jugendliche begeistert, auch „Leningrad“. Das hat die Sehnsucht vieler Menschen nach Frieden ausgedrückt: „We never knew what friends we had, until we came to Leningrad“! Viele Lieder von ihm haben mich über die Jahre und Jahrzehnte begleitet und begeistert. 2018 habe ich mir ein Konzert mit ihm sozusagen selbst zum 60. Geburtstag geschenkt. Es war ein wunderbarer Abend im Mai in Dublin. Tausende Menschen strömten zu Fuß ins Stadium. Die Stimmung war grandios. Und Billy Joel ist ganz offensichtlich ein Künstler, der Freude daran hat, Menschen zu unterhalten. Ich war in meinem Leben ein paarmal absolut enttäuscht und auch verärgert, Geld ausgegeben zu haben, wenn Sänger aus Prinzip nicht die Songs gespielt haben, die das Publikum kannte. Billy Joel ging auf Herzenswünsche ein: Alle haben glücklich mitgesungen, es war bewegend. Wie beim Piano Man: Menschen kommen zusammen und sinnieren über das Leben. Was sie hätten werden, wer sie hätten sein können. Einfach so.
In den Jahren der Berufstätigkeit ist mir auch Eric Satie wichtig geworden. Seine Gymnopédie No. 1 habe ich oft als Begleitung etwa beim Predigtschreiben gehört. Das Meditative dieser Musik hat mir ermöglicht, andere aufwühlende Gedanken oder Konflikte abzuschalten, zur Konzentration zu finden.

Da wurde eine innere Ruhe möglich, ein Ausblenden des Alltags mit seinen vielen lauten Tönen. Satie war gewiss auch ein „Piano Man“, einer, der erst spät seine Begabungen hat leben können – seine Karriere begann erst mit Anfang 40.

Nach meiner Zeit als Pfarrerin, Studienleiterin an der Akademie Hofgeismar und Generalsekretärin des Deutschen Evangelischen Kirchentages wurde ich überraschend zur Landesbischöfin der Evangelisch-Lutherischen Landeskirche Hannover gewählt. Am Anfang September 1999 fand die feierliche Amtseinführung statt. Es war ein sehr besonderer Moment in meinem Leben, aber auch in der der Landeskirche. Um meine Wahl war heftig gerungen worden. Es war nicht besonders angenehm, so umstritten zu sein. Konservative Kreise erklärten, der Bischofssitz in Hannover sei vakant, weil eine Frau ihn nicht einnehmen könnte, und riefen eine „Notsynode“ ein. Ein Begriff aus Zeiten des Nationalsozialismus! Erwartet wurden dort 2000 Beteiligte. Am Ende waren es 160, während mehr als 5000 zu meiner Einführung kamen. Trotzdem war es eine Belastung.

Nach meiner Einsegnung als Landesbischöfin durch den leitenden Bischof der Vereinigten Lutherischen Kirche sang der Bach-Chor der Marktkirche Hannovers einen Choral von Mendelsohn-Bartholdy, mit dem er Psalm 91.11 aufgreift: „Denn er hat seinen Engeln befohlen, dass sie dich behüten auf allen deinen Wegen“. Mich hat das damals sehr persönlich berührt. Natürlich hatte ich Angst vor der großen Aufgabe, Befürchtungen, ob ich sie meistern könnte, und ich war verletzt von der Infragestellung und den heftigen Angriffen. Aber als ich mit den letzten Klängen zur Kanzel ging, um meine erste Predigt als Bischöfin zu halten, dachte ich: „Wenn Gottes Engel dich behüten, was soll dir schon geschehen?“

Mendelsohn-Bartholdys Fassung ist eigentlich ein Wiegenlied. Vielleicht wiegt es uns in der Gewissheit des Glaubens, bestärkt uns darin, dass es weitergehen wird auf neuen Wegen. Auf jeden Fall habe ich so Erleichterung erfahren.

Mittendrin als Pfarrerin und Bischöfin –

Er hat seinen Engeln befohlen, dass sie dich behüten

Es gibt ja in der Tat ein neues Interesse an Engeln, eine Offenheit dafür. Darin zeigt sich meines Erachtens die Sehnsucht nach spiritueller Erfahrung des Glaubens. Die Menschen sehnen sich offenbar danach, den christlichen Glauben nicht nur intellektuell zu erfassen, sondern sinnlich wahrzunehmen und zu spüren. Das ist eine Erfahrung, die in Westeuropa lange vernachlässigt wurde und zum Teil verloren gegangen ist. Glaube ist im Zuge der Aufklärung immer rationaler geworden. Nur was ich erklären kann, hat Geltung. Glaube hat aber immer auch eine irrationale Seite. Wir nehmen ihn nicht allein mit dem Kopf wahr, sondern auch mit Herzen, Mund und Händen! Die Erfahrbarkeit Gottes nährt sich vielfältig – im Pilgern und Schweigen und Meditieren genauso wie im Staunen und Fühlen und Hören.

Ich persönlich freue mich über die Wiederentdeckung der Engel! Wir sollten sie nicht der Esoterik überlassen, denn sie sind ja ein gut bezeugtes biblisches Phänomen. Schon im hebräischen Teil der Bibel werden Engel erwähnt. Etwa Schutzengel wie bei Hagar, die mit ihrem Sohn in der Wüste umherirrt: „Da erhörte Gott die Stimme des Knaben. Und der Engel Gottes rief Hagar vom Himmel her und sprach zu ihr: Was ist dir, Hagar? Fürchte dich nicht; denn Gott hat gehört die Stimme des Knaben, der dort liegt“ (1. Mose 21,17). Der Engel weist Hagar einen Weg in die Zukunft und schützt Mutter und Kind. Auch Engel als Reisebegleiter gibt es, etwa als der Knecht gesandt wird, um für Jakob eine Frau zu suchen: „Da sprach er zu mir: Der HERR, vor dem ich wandle, wird seinen Engel mit dir senden und Gnade zu deiner Reise geben, dass du meinem Sohn eine Frau nimmst von meiner Verwandtschaft und meines Vaters Hause“ (1. Mose 24,40). Schutzengel und Engel als Reisebegleiter, von denen heute so viel die Rede ist, haben also biblische Vorbilder.

Auch im Neuen Testament wimmelt es geradezu von Engeln. Sie kündigen Maria und Zacharias die Geburt Jesu an, sie ermutigen die Hirten, das Kind zu suchen, später erwartet ein Engel die Frauen im leeren Grab. Der Satz „Fürchte dich nicht!“ ist geradezu ihre Visitenkarte. Engel als Lebensermutigung und als Zusage der Nähe Gottes sind tief im Evangelium verwurzelt. Sie vermitteln als Boten zwischen Himmel und Erde. Warum also sollte es lächerlich oder verwerflich sein, an die Existenz von Engeln zu glauben? Biblisch und ermutigend ist es in jedem Fall.

Felix Mendelsohn-Bartholdy hat Psalm 91 mit seiner Engelerfahrung wunderbar vertont, zunächst 1844 als achtstimmige A-capella-Motette für Friedrich Wilhelm IV. geschrieben, der gerade ein Attentat überlebt hatte. Später hat er das Stück leicht verändert und mit Orchesterbegleitung und in sein Oratorium „Elias“ integriert. Bei meiner Einführung als Landesbischöfin habe mich getragen gefühlt von diesem Text und dieser Musik. Und wenn ich diese Töne höre, denke ich gern an meine Einführung als Landesbischöfin zurück.

Luthers Botschaft weitertragen –

Ein feste Burg ist unser Gott

Musik verleiht Worten zusätzliche Bedeutung und Tiefe. Das entspricht der Überzeugung Martin Luthers. Für ihn war die Musik eine besondere Form, den Glauben auszudrücken. Martin Luther sagte über die Musik: „Nichts auf Erden ist wirksamer, sie macht die Traurigen fröhlich und die Fröhlichen traurig, die Verzagten herzhaft, reizt die Hochmütigen zur Demut, stillt und dämpft die hitzige und übermäßige Liebe, mindert Hass und Neid.“

In meinen letzten Amtsjahren durfte ich die schöne Aufgabe der Botschafterin des Rates der Evangelischen Kirche in Deutschland für das Reformationsjubiläum 2017 übernehmen. Es wurden Jahre vieler Begegnungen, einer wunderbaren Zusammenarbeit in der Lutherstadt und einer intensiven Auseinandersetzung mit dem Reformator. In vielem bewundere ich ihn, seine Sprachfähigkeit, seine Widerstandskraft imponieren mir. Sein wohl oft aufbrausendes Gemüt und sein Antijudaismus sind ein schweres Erbe. Wie gut, dass er nicht zum makellosen Helden werden muss. Da war sein eigenes Menschenbild sehr klar: Wir alle sind simul iustus et peccator, Gerechte und Sünder zugleich ...

Mehr noch als durch seine Schriften hat Martin Luther die neue Lehre über seine Lieder verbreitet. 36 Lieder sind von ihm überliefert, bei 20 hat er selbst die Melodie geschrieben. Es sind Ermutigungslieder und Trostlieder, aber auch liturgische Gesänge. Es sind Texte und Melodien anderer, die unserem Leben Halt geben können, wenn wir keine Ausdrucksform für Glücksgefühle oder er-

littenes Leid finden. Da kann ein Lied zum Gebet werden: Wer singt, betet zweifach, sagt Luther. Von ihm selbst wissen wir, dass er gern gesungen hat und offenbar auch gut. Als „Wittenberger Nachtigall“ wurde er auch bezeichnet. Bei den Instrumenten war er offenbar eher zurückhaltend, was Orgel, Trompeten und Pauken betrifft, da griff er lieber zur Laute. Aber davon war der Reformator überzeugt: "Auf böse und traurige Gedanken gehören ein gutes, fröhliches Lied und freundliche Gespräche.“ Ein Lied, eine Melodie, eine Komposition können uns also Mut machen, Kraft geben, stärken.
Freiheit und Verantwortung, Rechtfertigung allein aus Glauben und Priestertum aller Gläubigen, das sind die Grundüberzeugungen, mit denen Luther die Reformation einleitete. Und diese Grundüberzeugungen hat er durchaus unter anderem in dem Reformationslied „Ein feste Burg ist unser Gott“ ausgeführt. Luther hat den Choral 1529 nach Psalm 46 gedichtet. Oft wurde das Lied leider deutschnational vereinnahmt.
Ich selbst bin damit aufgewachsen, dass man dieses Lied eigentlich lieber nicht singt. 1985 war ich dann in Argentinien zu einer Sitzung des Zentralausschusses des Ökumenischen Rates der Kirchen. Die Evangelische Kirche in Argentinien war durch manche Anfechtung gegangen in der Zeit des Militärregimes. So hat es Menschen gegeben, die die Militärdiktatur durchaus unterstützt haben. Andere, die tapfer sich eingereiht haben unter die Dissidenten, etwa Mütter auf der Plaza de Majo, die das Verschwinden ihrer Kinder öffentlich machten. Tapfere Frauen, mit weißen Kopftüchern und nichts als diesen weißen Kopftüchern und den Namen ihrer Kinder bewaffnet, haben sie der Militärdiktatur Paroli geboten. Und dann eine Halle, in der wir empfangen wurden, mehrere Tausend Menschen und am Ende der Versammlung standen sie auf und sangen laut und schmetternd „Ein feste Burg ist unser Gott“. Mir hat es fast die Sprache verschlagen. Passt das denn zusammen? Ein solches Schutz- und Trutz-Lied. Ein solches Kampfeslied von Wehr und Waffen, von der Vernichtung des Feindes, von Gott, der für uns streitet und gefällt wird?

Luthers Botschaft weitertragen –

A refuge never failing

Was wollte Luther mit diesem Lied? Ich habe mich dem Lied in der Vergangenheit wieder angenähert. Es besingt ein Ohnmachtsgefühl, das wir selbst tatsächlich erfahren. Die Angst vor dem Krebs beispielsweise. Der plötzliche Tod eines geliebten Menschen. Die Erfahrung von Ausgrenzung durch Arbeitslosigkeit oder dieses große Ohnmachtsgefühl, wenn wir sehen, dass in Deutschland Jahrzehnte nach dem Ende des Zweiten Weltkrieges Menschen wieder jüdische Mahnmale schänden oder Jüdinnen und Juden bedroht werden.

Ja, es betrifft uns die Not und der altböse Feind, er meint es durchaus ernst. Macht in Verbindung mit Grausamkeit zeichnen das Böse aus. Luther ist hier ganz realistisch. Es gibt Teufelserfahrung, wie er das ausdrücken würde. Wir können heute vielleicht sagen: Das Böse ist existent. Ich werde oft gefragt, wie denn? Gibt es nicht Gott? Ja, aber die Welt ist trotzdem angefüllt von dem Bösen und immer wieder erfahren wir unsere Ohnmacht. Wir leben nicht in einer erlösten Welt, sondern in der Welt nach der Vertreibung aus dem Paradies, wie die Bibel das ausdrückt. „Mit unserer Macht ist nichts getan." Nein, wir sind nicht mächtig. Wir können strampeln und streiten und unser Bestes tun, aber mit unserer Leistung und unserer Macht werden wir keinen Himmel auf Erden schaffen. Ein realistisches Menschen- und Weltbild hat Luther da.

Also muss Gott für uns streiten. Ohnmachtserfahrung und Gottvertrauen gehören für Luther ganz eng zusammen. Wir singen „Und wenn die Welt voll Teufel wär". Sie ist eben nicht voll Teufel, im tiefsten Sinne nicht. Im tiefsten Sinne ist es Gottes Welt, Gottes hilfreiche Macht können wir erfahren. Der Fürst dieser

Welt, das Böse also, das, was sich gegen Gott stellt, kann uns im Letzten nichts tun. Luther stellt neben die Ohnmachtserfahrung die Glaubenserfahrung. Und diese Glaubenserfahrung, sie ist nun gerade in dem erfahrbar, der eben nicht durch Nachgeben oder Verharmlosen, durch seine Schwäche, vielmehr durch seine Aufopferung den Kreislauf der Gewalt und Gegengewalt durchbricht.
„Fragst du, wer der ist? Er heißt Jesus Christ." Der, der dem Teufel, dem Bösen, wie wir sagen, Paroli bietet, ist der sterbende Mann am Kreuz. Das ist das Kind, das in einem Stall zur Welt kommt. Wie in Christus wird der Kreislauf des Bösen durchbrochen. Dieser Widerspruch treibt Christinnen und Christen immer wieder neu an. Treibt sie auch an gegen die Ohnmacht. Bringt Christinnen und Christen in Palästina dazu, trotz aller Steine und Geschosse von Frieden zu reden. Bringt eine Mutter dazu, auf der Plaza de Majo zu demonstrieren. Ermutigt Gemeinden bei uns, sich an die Seite der jüdischen Gemeinden zu stellen.
Das ist für mich vor allem ein Trostlied. Es geht nicht um hier die böse Welt und da die guten Christen, sondern um Realismus. Es gibt den Kampf zwischen Gut und Böse in unserer Welt. Wir werden Maßstäbe und Kraft daransetzen müssen, für Gerechtigkeit, für Frieden, für Nachhaltigkeit einzutreten. Und wir wissen, dieser Kampf zwischen Gut und Böse, zwischen Gott und Teufel, geht auch mitten durch uns hindurch. Luther weiß etwas von den Anfechtungen in unserem eigenen Leben. Soll uns doch egal sein, was in Afrika passiert. Was geht's mich an, wenn da jemand verhungert oder stirbt. Ja, mit dem Egoismus, mit der Selbstsucht, mit dem Bösen haben wir selbst alle auch zu kämpfen.
Wenn es in der 4. Strophe heißt: „Gut, Ehr, Kind und Weib: Lass fahren dahin, sie haben's kein Gewinn", dann ist das keine Missachtung, keine Gleichgültigkeit. Es geht wohl eher darum: Selbst wenn mir alles genommen wird, was meinem Leben Sinn gibt, das, woran mein Herz hängt, was mir alles bedeutet, meine Liebe, mein Besitz, dann ist doch auch der Sinn meines Lebens nicht verloren, weil Gott diesem Leben Sinn gibt. Nicht das, was ich tue, und das, was ich habe, sondern Gott allein gibt ihm Sinn.

Gottes gute Botschaft immer weitergeben –

Zur Rekreation des Gemüts

Als ich am 30.6.2018 in einem Gottesdienst „entpflichtet" und damit dienstlich in den Ruhestand verabschiedet wurde, gab es ein wunderbares Orgelvorspiel. Und ich dachte: Wie viele Orgeln habe ich in den 35 Jahren meiner Dienstzeit erst als Vikarin, dann als Pfarrerin, später als Bischöfin, Ratsvorsitzende und Reformationsbotschafterin wohl erklingen hören?

Ohne bespielbare Orgel ist eine traditionelle Kirche für mich kaum vorstellbar. Denn eine Orgel ist nicht nur ein Instrument und auch kein musikalisches „Möbelstück". Wie der Altar, wie die Kanzel im Chorraum, so hat die Orgel vom anderen Ende des Kirchenraumes ihren ganz eigenen Anteil an der Verkündigung des Evangeliums, wenn sie mit ihrem Klang den Raum durchdringt und Stimmungen in Dur und Moll zum Ausdruck bringt. „Ich will den rauschenden Klang der Orgel hören, diese Überschwemmung von überirdischen Tönen. Ich brauche ihn gegen die schrille Lächerlichkeit der Marschmusik", das sagt ein Jugendlicher, der mit dem Glauben ringt, in dem Roman „Nachtzug nach Lissabon" von Pascal Mercier.

Ich kann mir Gottesdienste ohne schwungvollen Auftakt und ohne nachdenklich musikalische Einwürfe nur schwer vorstellen. Wie sollten wir Gott besser gemeinsam loben als durch den lebhaften Gesang einer sangesfreudigen Gemeinde, die sich dabei in den meisten Fällen durch die Orgel leiten lässt? Wie sollten wir persönliche Krisenzeiten durchstehen ohne Musik, die für uns

Stimmungsbilder bereithält, wenn wir selbst keine Worte und Töne finden? Wie sehr prägt doch der Orgelklang die Gottesdienste! Johann Sebastian Bach hat einmal gesagt, dass die Musik eine Kraft zur „Rekreation des Gemüts“ hat, zur Rückführung der Seele in einen heilvollen Zustand. Das ist das ureigenste Anliegen eines jeden Gottesdienstes

Und auch wenn ich Posaunenchöre schätze und liebe, bleibt doch die Orgel die „Königin der Instrumente“. Wenn sie erklingt, ist die Kirche erfüllt von ihrem Klang. Die Toccata in F-Major von Charles-Marie Jean Albert Widor ist ein wunderbares Beispiel dafür. Es ist eines der bekanntesten Stücke der Orgelmusik. Ich habe sie immer wieder gehört an unterschiedlichen Orgeln von verschiedenen Musikern gespielt. Sie reißt die Zuhörenden mit und bringt die Orgel zu vollstem, imposanten Klang. Wenn der letzte Ton verklungen ist, herrscht geradezu atemlose Stille. Großartig. Aber es muss auch nicht immer die ganz große Orgel mit dem ganz großen Musiker sein. Es kann auch eine kleine Orgel im Dorf sein, die nicht von einem hauptamtlichen Organisten gespielt wird. Ich freue mich stets an den Klängen der Orgel.

Gottes gute Botschaft immer weitergeben –

Weißt du, wie viel Sternlein stehen?

Jetzt im Ruhestand kann ich mich wieder mehr außerhalb der Kirche engagieren, beispielsweise für Kinder in aller Welt als Botschafterin der Hilfsorganisation terre des hommes. Oder auch in der Friedensbewegung. Als ich einem Interview gefragt wurde, wie Jesus Terroristen begegnen würde, habe ich gesagt: „Ich denke er würde wieder sagen: Liebet eure Feinde. Bittet für die, die euch verfolgen.“ Es folgte ein Shitstorm – durch den mir noch einmal klar wurde, wie sehr Jesus bis heute provozierend wirken kann. Konstantin Wecker hat sich daraufhin öffentlich unterstützend geäußert. Wir wurden eingeladen zu einem Gespräch im Bayrischen Rundfunk. Auf Anhieb haben wir uns gut verstanden, auch wenn er wahrhaftig nicht kirchennah daherkommt.
Mir ist – sicher altersbedingt – in letzter Zeit besonders Weckers Lied „An meine Kinder“ nahegegangen. Darin schreibt er: „Was kann ich euch mitgeben auf diesen Weg, den ihr nun ganz alleine bestreitet. Die Hoffnung, dass euch mit jedem Schritt stets meine Liebe begleitet.“ Für mich – ich hoffe, er ist da nachsichtig – klingt das wie eine säkulare Variante des Satzes des Apostels Paulus: „Nun bleiben Glaube, Hoffnung, Liebe, diese drei. Aber die Liebe ist die größte unter ihnen.“
Altwerden heißt ja, auch zu fragen: Was lasse ich zurück? Welche Töne werden nachklingen, wenn ich verstorben bin? Ich denke, meine Töchter wissen, dass meine Liebe sie stets begleitet hat.

Inzwischen habe ich sieben Enkelkinder. Ich freue mich darüber, wie gern sie singen. Zu den Taufen haben sich die Eltern jeweils gewünscht, dass wir „Weißt du, wie viel Sternlein stehen“ miteinander singen. Es ist ein schönes altes Volkslied in unserem Gesangbuch. Der evangelische Pfarrer und Dichter Wilhelm Hey hat den Text 1837 erstmals in seiner Sammlung „Fünfzig neue Fabeln für Kinder“ veröffentlicht. Gesungen wird es nach einer alten Volksweise.
Ich finde, das Lied ist bis heute großartig. Kinder lieben dieses Frage-Antwort-Spiel. Als könnten wir die Sterne zählen oder die Wolken, die Mücken oder die Fische. Im Alten Testament ist die unzählbare Zahl der Sterne am Himmel ein Versprechen an Mose: So groß wird deine Nachkommenschaft sein (1. Mose 15,5). Es ist im Lied aber auch ein Zeichen: Gottes Schöpfung ist viel größer als alles, was wir begreifen können. Und doch kennt Gott die Namen aller Geschöpfe. Für mich passt das so gut zur Taufe: „Ich habe dich bei deinem Namen gerufen“ heißt es beim Propheten Jesaja (43,1).
„Kennt auch dich und hat dich lieb“, so endet das Lied. Das entspricht der Erfahrung auch von Jesus, der im Gebet zu Gott sagt. „Du hast mich geliebt, ehe die Welt gegründet war“ (Joh 17,24). Diese Gewissheit, dass Gott sie liebt, möchte ich meinen Enkeln gern weitergeben.
Es berührt mich, dass sie geboren werden. Mir scheint, das Leben wird rund. Da war ich als Kind in der Herrenwaldkirche. Dann habe ich Kinder geboren, die ihre eigenen Töne mitnehmen ins Leben. Welche Töne werden meine Enkel begleiten? Ein wunderbares, tiefgründiges Thema sind sie, diese Töne ...

Bibliografische Information der Deutschen Nationalbibliothek
Die Deutsche Nationalbibliothek verzeichnet diese Publikation in der Deutschen Nationalbibliografie; detaillierte bibliografische Daten sind im Internet über http://dnb.d-nb.de abrufbar.

Bilder: Cover: © stock.adobe.com/Ivan; S. 2/3: © stock.adobe.com/Maximilian Martin; S. 6/7: © stock.adobe.com/mansong; S. 8/9: © stock.adobe.com/highwaystarz; S. 10/11: © Love the wind/Shutterstock.com; S. 12/13: © furtseff/Shutterstock.com; S. 14/15: © Andrey_Popov/Shutterstock.com (Klarinette), © ami mataraj/Shutterstock.com (Hintergrund); S. 16/17: © stock.adobe.com/Valeriy (Flöte), © stock.adobe.com/bramthestocker (Hintergrund); S. 18/19: © Tom Burlison/Shutterstock.com (Tasten), © stock.adobe.com/bramthestocker (Hintergrund); S. 20/21: © TEEREXZ/Shutterstock.com; S. 22/23: © daphnusia/Shutterstock.com (Laute), © tomertu/Shutterstock.com (Hintergrund); S. 24/25: © Kritidech aromoon/Shutterstock.com; S. 26/27: © Pawel Horazy/Shutterstock.com; S. 28/29: © stock.adobe.com/semisatch; S. 30/31: © stock.adobe.com/Sven.

Besuchen Sie uns im Internet:
www.st-benno.de
Gern informieren wir Sie unverbindlich und aktuell auch in unserem Newsletter zum Verlagsprogramm, zu Neuerscheinungen und Aktionen.
Einfach anmelden unter www.vivat.de.

ISBN 978-3-7460-5862-1

Umschlaggestaltung: Rungwerth Design, Düsseldorf
Gesamtherstellung: Arnold & Domnick, Leipzig (A)